Hildegard Büyükeren
Unter den Dächern der Zeit

Hildegard Büyükeren

# Unter den Dächern der Zeit

## Gedichte

Verlag Ch. Möllmann

Die Deutsche Bibliothek – CIP-Einheitsaufnahme
**Büyükeren, Hildegard**:
Unter den Dächern der Zeit : Gedichte / Hildegard Büyükeren.
– 1. Aufl. – Schloß Hamborn : Möllmann, 2002
ISBN 3-931156-86-9

Umschlagbild von Hartmut Lux

Erste Auflage 2002

Verlag Ch. Möllmann
Schloß Hamborn 94, 33178 Borchen
Tel.: 0 52 51 – 2 72 80
Fax: 0 52 51 – 2 72 56
www.chmoellmann.de
Herstellung: Bonifatius GmbH, Paderborn

ISBN 3-931156-86-9

In Tiefer Freundschaft und Dankbarkeit
für Edith,
da wir gemeinsam
auf dem Erdenwege sind

„Ehe der Mensch ein selbstbewusster Geist im heutigen Sinne war, war in ihm ein Künstler tätig, der als Sprachgeist gewirkt hat."

Rudolf Steiner


„Kunst kann nicht nur Materie verwandeln, indem sie ihr eine neue Dimension ästhetischer Erfahrung verleiht, sondern sie kann auch bewirken, dass verschiedene Seinsweisen neu begriffen werden, indem sie deren verborgene Zusammenhänge aufdeckt."

Donald Kuspit

# Geleitwort

Meine Art zu schreiben ist im Laufe der Jahre starken Wandlungen unterworfen. Zunächst sind mir Metaphern und Rhythmen wie von einem weit verzweigten Lyrikbaum zugefallen, während ich sie mir jetzt nach mühevollem Erklettern der Äste als noch unausgereifte Früchte pflücke. Erst langsam streben sie dann ihrer Metamorphose entgegen.

Der Lyriker – wie auch der um eine andere Kunstrichtung Bemühte – entwächst während seiner Betätigung weitgehend der irdisch-sinnlichen Realitätsebene. Ihm wird denkend und fühlend bewusst, dass seine Früchte – reife so wie im obigen Sinne zunächst unreife – mitgeformt werden aus einer nicht voll erfassbaren höheren Wirklichkeit, die zumindest unterschwellig in das Kunstgebilde einfließt. Er tastet sich heran an diesen Bereich, zu dem er hinstrebt und der ihm zugleich entgegenkommt.

Gottfried Benn spricht von einer „Wirklichkeitszertrümmerung", die mit dem Dichtungsprozess einhergeht und „Freiheit schafft für das Gedicht"[1]. Wilhelm Lehmann ist darum bemüht, „die krude sogenannte Wirklichkeit aufzulösen" und „zu einer zweiten, eigentlichen Wirklichkeit"[2] vorzustoßen. Peter Härtling wird auf einer frühen lyrischen Wegstrecke begleitet von Yamin, der „Lust zur Metamorphose". „Mit ihm", berichtet er selbst, „war es dem Schreibenden möglich, in die Dinge zu schlüpfen und dem beharrlichen Ich, das nicht aus seinem Zirkel springen kann, den Boden zu entziehen."[3]

Das Schreiben eines Gedichts ist ein recht komplexes Geschehen. Der rein äußere Anstoß dazu mag bei mir durch ein Phänomen der Natur erfolgen, durch einen jahreszeitlich geprägten Baum, durch ein Werk

---

[1] Gottfried Benn, Probleme der Lyrik, Wiesbaden 1959[6], S. 25
[2] Hans Bender (Herausgeber), Mein Gedicht ist mein Messer, München 1961, S. 7
[3] ebd, S. 162

der bildenden Kunst, durch ein kunstvoll vorgetragenes Lied. Eine gleichzeitig auftretende innere Bedrängung, mich dem lyrischen Wort zu öffnen – der ich mich nur schwer entziehen kann –, ist verknüpft mit dem Bemühen um tiefere Wirklichkeitsfindung und dem Gefühl einer zeitweiligen Ohnmacht, seelische Substanz in Wortsubstanz umzuschmelzen.

Das Sich-Bewegen hin zu einer neuen Wirklichkeit vollzieht sich bei mir nicht geradenwegs. Es folgt eher dem Fluss einer Lemniskate mit ihrem Umschmelzungspunkt, der sich in den wirklichkeitsverdichtenden Raum hinein öffnet. Dieser dürfte für alle Kunstformen der gleiche sein. Unterschiedliche Erlebensweisen mögen im Individuum eines Künstlers begründet sein.

So beschreibt Jostein Sæther aus der Sicht des bildenden Künstlers eines seiner Schwellenerlebnisse auf subtile und zugleich dramatische Weise: „Beim Malen auf einem dieser Bilder hatte ich das Gefühl, vor einem unsichtbaren Abgrund zu stehen. Jeder Pinselstrich wurde zu einem Tasten in eine für die physischen Augen unsichtbare Welt. Für einen kurzen Augenblick fühlte meine Seele sich als vor der Tür ihrer wahren Heimat stehend."[4]

Victor-Émile Michelet erhebt seine nicht weniger explosive Aussage zu einer allgemein gültigen Erkenntnis. Er sagt: „Um als Form geboren zu werden, muss die Idee die flüssige Atmosphäre des Künstlers durchdringen. Sie muss seinem Ruf antworten, seiner Beschwörung gehorchen. (...) Die Idee verlangt die Materie, die Anstrengung des Menschen, den sie wählt, des Künstlers, der sie zur Welt bringen wird. Sie nährt sich vom Fluss seines Geistes."[5]

Im Schaffensaugenblick tritt die bewusste Durchschau dessen, was sich beim Schreiben abspielt, zurück. Das lyrische Ich verbindet sich mit einer einheitlich strömenden Flut. Wohin der Weg führt, was sich in Worte drängt, hängt davon ab, wohin die Flut das Ich trägt

---

[4] Jostein Sæther, Wandeln unter unsichtbaren Menschen (Eine karmische Autobiographie), Stuttgart 1999, S. 84
[5] Viktor-Émile Michelet, zitiert nach Maurice Tuchman u. Judi Freeman (Herausgeber), Das Geistige in der Kunst, Stuttgart 1988, S. 359

und in welchem Maße es ihr Welle sein kann. In den Blick tritt ein zur Reife gekommenes, ein metamorphosiertes Erlebnis, dem der Lyriker jetzt erneut überrascht begegnet.

Wenn das lyrische Wort mit seiner Ausrichtung in den vertikalen und horizontalen Raum, in Zeit und Seelentiefe die Kraft besitzt, sich mit dem Lesenden oder Hörenden dialogisch zu verbinden – darunter verstehe ich auch die kritisch-aufbauende Auseinandersetzung –, erfüllt sich sein Sinn. Das Gedicht reift dann zu einem Ganzen.

Michaeli 2000
Hildegard Büyükeren

Kraft, den Weg zum lyrischen Wort zu suchen und immer wieder neu darum zu ringen, gaben mir Menschen, in deren Seele ich Heimat nehmen durfte. Ihnen sei in Liebe gedankt.

# I.

## Als ihr noch stürztet
## ihr Wasser
## aus dem Munde der Engel

# Johannisnacht

Am nächtlichen Himmel
ein Fluss aus leuchtendem Grün
gewölbt von tagglänzendem Blau

die Erde aber
— tief verfinstert —
umfängt unsere Füße

doch —
sind wir nicht
Flammenwesen
zu hellen drachenköpfiges Dunkel
und
Johannislicht
dich
in Freudenwogen
erdwärts zu tragen

## Sonne bin ich

Nie gebe ich mich
der Inselsonne
mehr hin
als wenn sie
– oktoberflammend –
in die Baumkronen
steigt

Sonne bin ich dann
flammend
in mir

# Der Phlox verblüht

Der Phlox verblüht
nach Heimkehr
brennen meine Flügel

der Burnus des Sommers
umfließt nicht mehr
tröstend mein Tun

doch Sternstimmen fluten
im nächtlich ufernden Meer

Phlox (griech.): Flamme.

# Herbstflut

Sich bergen
in den Flammen des Herbstes
wenn Bäume
wie Granatäpfel
Augen und Himmel umfluten

aus dem Fluss
springen
silberne Lichtleiber

und unser Brot
pflücken wir
aus blauwiegenden
Ewigkeitsfeldern

Lemniskatenweg
oder
Werdendes

Wälder im Herbstflammenruf
hoch über Schattenklagen der Flussweiden

taubenfüßig fallen Blätter
in herbstlohenden Strom

Taten des Gewordenen
– in Schmerzen gereift –
in denen wir ausruhen
einen Flügelschlag lang

und jenseits
das Werdende
das im Lemniskatenruf Begriffene
das Sichbildende
in Blatt-Tränen der Weiden

## Allerseelen I

Frostweiß
die Wortdächer des November
die in mondigen Nebel ragen –
sie erden
fernblühende Seelen
die uns in ihren Flügelleibern
wiegen

## Allerseelen II

Lass uns Hütten bauen
im Land der Lüfte
– taubenwärts –

wo uns vertraute Gefährten
aufs Neue
aufblühen wie Lichtrosen

mit unsren Flammenleibern
lass uns Hütten bauen
im Atem der Sonne

## Labkraut

Aus deinen Blütenbrunnen
– lichtgepflügt –
springt ein Lächeln
– tagweiß aufblitzend –

Stein durchdringst du
sonnenblühend

auf Herbstpfaden noch
sprichst du
mit dem Sturmweiß
deines einzigen
novembergeborenen Blütenleibes
mir zu

# Wintermisteln

Der Mondbaum
– der alte –
pflanzt sein Klanggefieder
in den Atem der Erde

schwarz
die Winteräste –
trauernd
um Baldurs Lichtgewebe

Baldur wurde durch einen Mistelzweig getötet: Die
Fähigkeit des Hellsehens erlosch in der Menschheit.

## Grenzsetzung

Den Fluss überqueren zur Nacht
zur flügelgeborenen –
mit sternbehangenen Bäumen
aufwärts schreiten
aus dem Stundenburnus des Tags

granatfarben
war die Grenzsetzung
taglösend
wachend

## Im Gewebe der Nacht

Verborgen wachend
fluten
Hütten
auf der Scholle der Nacht

schau nur
sie wiegen sich
– sternerweckt –
auf ihren Taubenfüßen
unter den Lichtbrücken
des Orion
und schreiten
– tagerntend –
hinein
in die Nacht

## An den Wettergott

Die Wetter der Seele
flammen auf vor Dürre
Feuerbrand rinnt
aus der Hand des Himmels

gib – Machtvoller – Wasser der Erde
Hoffen den Seelen
lass lichte Gedanken
springen wie Gazellen
lass aus Steinen
das Sehnsuchtsblau der Zichorien erblühen
zu einer Sintflut Fest

höre – Göttlicher du –
abgeerntet ist unser Fühlen
im Labyrinth des Geschicks
und brennen wird unsre rufende Zunge

lass uns mit Stirnen die Wolken tragen
und in Winden und Blitzen
unsren Stab aufrichten

lass – Erbarmer – stürzen violette Wasser
unser Dankesfühlen
hebe der Sintflut Freude
in deine Tempelhöhen sodann

# Wasserfälle

Als ihr noch stürztet
ihr Wasser
aus dem Mund der Engel
als ihr noch dröhnend spracht
aus der Flut des Lichts
umarmte ich euch
in eurer Freudenfülle

nun braust ihr auf
in Trauer und Qual
Gefangene des Erdenbaumes
der sich mir auftürmt im Herzgrund
dem sintflutlich-wunden

unter der Mondtaube
wachen eure fühlenden Wassergewalten
antworten
wenn in meine Glieder fährt
der Ruf nach euch
aus der Scherbe der Zeit
aus der Narbe des Raums

dann berge ich mich
im Sprühen
eures feurig stürzenden Schlangenleibes
und ergründe mit euch
Erdas Bedrängnis

einst werdet ihr – Tosende –
niederreißen eure Fesseln
und einziehen
in das Land aus blauem Saphir

## Vor dem Regen

Basalten
lasten die Wasser
Silbermöwen
blitzen wie Fischleiber
in schmerzschwarzem Burnus der Wolken
und Lemniskatenadern der Wasser
münden
in meinen Lebensfluss

so brich denn auf
– Regenfrucht –
im Taggeäst

und lass mich stürzen
mit der Himmelssee

„... und gab mir die Haut und hatte darinnen
Sämtliche Bahnen und Wege der heulenden Winde verschlossen;
Denn ihn machte Kronion zum Schaffner über die Winde,
Dass er sie stillte und fachte sie an, ganz wie es ihn deuchte."

Homer, Odyssee, X. Gesang

## Aiolos

oder

## Der Sack der Winde

Aiolia: Feuergarten Schwefelblumen
und unter den Schritten
das Lemniskatenkreuz:
sind innen und außen nicht eins
in den Händen der Götter

Luftgewalten
ächzen und keuchen
höhlentief

du gibst Aiolos – Hüter –
die Schicksalswinde in unsre Obhut
Schirokko Mistral
Boreas Samum ...
silberfädig verschnürt in Rinderhaut

wie einst Odysseus
lass uns segeln auf Windes Pfaden
zur Stätte unsres Selbst
zur Sonnengeburt in uns

alles hat seine Zeit
das Wachsen – lichtgetragen –
und das seufzende Drängen der Sturmesmächte
gegen die Küsten des Ich

löstest du doch – Schicksal –
die Silberschnur

verwundet unsre Wege –
der Tag
er türmt sich auf zur Hürde

und doch sind eure Gaben
– Windschwestern –
Stern- und Flammenwesen
auf der Schwelle unsres Atems

# II.

## ... UND ICH BIN BEHEIMT ALLERORTEN

## Anemonen

für J. S.

Mein Haus sind Anemonen
– nunmehr –
ins Fluten meines Hoffens
bauten ein Dach
sie mir
aus Himmelsviolett

# Herzflut

für J. S.

Mit der Inbrunst einer Taube
die Herzflut
erschauen
und ihrem Wellengang lauschen

o diese Wasser
die uns fühlen
die uns berühren
herzinnen –
die in uns Taubenkräfte wecken
wenn wir unsre Hütte bauen
im Ätherruf des Berges

# Nachtflug über den Atlantik

Über dem Schattenburnus der Lüfte
öffnet ihr – Sterntauben –
feuerflutend eure Siegel

und wie im Todesfluge
hauche ich mein Atemmeer
in euer Vogelsein

sinkend
ja steigend sinken
in eure flammenden Flügel
bis ich
in meinem Mund euch berge
die ihr in mich fahrt
mit der Inbrunst der Rose

ja – sich erkennend
spiegeln
in der Feuersee

Steinverhüllter
oder
Wegweiser auf Inishmore

Taghin
wurzelt der
Falter-Stein
Erdwege weisend den
Bittenden

freude-äugig
send ich ihm
Dank über
Mauer und Hof
ihn versagt er
pfeilfingrig

„die Geste mit der du
fragend mir nahst
schuldest du mir zum
Lohn" – ruft
schweigend er aus

mein Rucksack
gleitet in
nasslehmigen Grund
gepeitscht von
Regen und Sturm
besteig ich die Mauer
schreit über des
Erdkönigs Hof

dann
öffne ich
tastend die
Augen ihm hin
ihn lohnend
berühr ich den
Dschinn

Goldbrücken
baut mir der
Bruder im Stein

auf-
faltet der
Tag sich
smaragden

Inishmore gehört zur Gruppe der
Araninseln im westlichen Irland.
Dschinn (arab.): Elementarwesen.

# In Orkadien

Unter Sykomorenschwingen
tauche ich ein
in deine Augenflügel
Orkadien

dein Sonnenfluten
verweht ins Nordland
hier

und doch wogst du
ägäisblau
in meinem Atem

wetterleuchten
Hellas Sylphen
nicht auch hier

im Uferverglühn
loht malvenblütig
dein Burnus
über dem Bitternisfluss
Erde

Orkadien: ähnlich klingend mit Arkadien;
abgeleitet von Orkadier, dem Bewohner der
Orkney-Inseln an der Nordspitze Schottlands.

In der Schlucht des Alcantara
oder
Eine Begegnung


Säulen steigen basalten
ins Hallenlicht unsrer Stimmen

komm
durchweben wir die Wasser des Alcantara
beflügeln das Gestein
mit unsrem Wimpernschlag

schluchtgrün
sind die Wasser unsrer Augen
gestimmt
und Ätnas Sonnenburnus
lebt in der Höhlung unsrer Hände

bleib
– Alcantara –
fließend Sich-Wandelnder in Chronos' Garten
mit dir ströme ich
tagwärts sonnenhin
im Ruf der Schlucht


Alcántara (arab.: die Brücke): sizilianischer Fluss,
der sich über Jahrtausende in einen Lavastrom einschneidet.
Basaltsäulen bilden die Wände dieser Schlucht.

# Bocca della verità
## oder
## Faunus

Erdmundig
streute er aus
seine Stimme
– die göttliche –
auf Lämmer und Feldfrüchte

aus der Sonne geboren
– wie wir –

in den Ruf der Erde
verbannt
– wie wir –

aus seinem Munde
– dem mächtigen –
ließ er strömen
Zukunftsfeuerwort

bis er
abstreifte sein Gewand
aus Marmorstein

fliehend
– hüllenlos
nachtwärts –

Das gewaltige Marmorrelief des „Mundes der Wahrheit"
in der Vorhalle der römischen Kirche „Santa Maria in
Cosmedin" stammt vermutlich aus dem 4. Jh. v. Chr.; es
dürfte sich um die Darstellung des Gottes Faunus handeln.

## Sommer in La Valetta

Flammen
weiden die
Vogelsphäre und
Gold webt im
Schwellentor

klangwärts
aufwärts

wir steigen ein in den
Werderuf der
Sonnenrose und unser
Brot brechen wir
auf Honigstein

## Profítis Ilías

Du riefst
– Profítis Ilías –
ins Antlitz unseres Sehnens:

hinaufzusteigen
mit dem Turmmut der Zypresse

und mit erwecktem Auge
zu schauen
die Gewölbe des Tags

Profítis Ilías: höchster Berg auf Patmos.

„Es gibt ... geheimnisvolle, privilegierte Augen-
blicke, in denen manche Gegenden uns in einer
plötzlichen Intuition i h r e  Seele enthüllen ...“
Isabelle Eberhardt

## Ain Sefra

für Isabelle Eberhardt

Umgürtet mit der Sahara
der flammenden
in die sie ihre königlichen Rufe webt

gepflügt von violetten Stimmen der Wüstenmenschen
von Wadistimmen
von Spartgrasstimmen

der Wüstenhymnus: ihr Haus
das mit der Todesstirn
der wachen wissenden
die noch einmal
über die Augen des Sandes
streift
des weinenden Sandes

Isabelle Eberhardt: geb. 1877 in Meyrin/Genf, gest. 19o4
in Ain Sefra/Algerien; Journalistin, Schriftstellerin;
sie reist in Afrika oft unter männlichem Namen.

42

Am weiß-opalen Taubenturm
in El-Faijum bin ich zu Hause

Erdschwingen in Sternsiegelflammen-
wo heime ich wegwärts sonst

Gaias Mäander erdpfaden mich
und weiß-opalen pflügt der Taubenturm
der Oase planetene Feuerspur

freudlohende Sonnenwagen
im Visavis mit Schmerzrubinen
fluten und ebben nach Mond-Meeres-Brauch

so ström ich mit gezeiteten Wogen
in Gaias Ruf quellentief

und bin beheimt allerorten
wo meine Atemflamme
wortschwerten sich erden kann

El-Faijum: Oase in Ägypten.
Gaia (griech. Mythologie): sowohl die Erde
als auch die Erdgöttin.

# Kairo

Unter Flügeln der Sphinx
schwingt Kairo sich auf
der Sonnenglutleib stürzt tönend
aus Nachtbergen des Mondes

ich trage dich
Nil
in meinem Atemkreuz
du weidest
die Stundenfelukas meines Blutes
sternflammend
webst du in meiner Erinnerung

Zwiesprache halte ich
mit dir
– El Kahira
Tochter des Nil –
Brennende
in seinen Flussgedanken

Feluka: Nilboot der Fellachen.
El Kahira („die Siegreiche"): ursprüngliche Bezeichnung
für Kairo, benannt nach El Kahir, dem Mars.

# Nil

An das Geflecht meiner Erinnerung
brandet der Fluss

was geschah dir – Schwester Nil –
dass du zu mir kommst
über die Fluten der Dächer

wund sind deine Töne nicht mehr –
lebenverwoben wieder
die Taten deiner Stimme
in der ich lang mich barg

Wasser des Nil
das durch mein Wort fließt:
Haut der Erde gibst du den Silben

aus den Schwingen des Blau
stürzt du noch immer
hell fühlend
den verborgenen Lichtgesang
der Erde

## Abschied von einer Stadt

Hier lebt ihr –
die ich ersehnt
im stürzenden Falter Zeit

sonnenatmend
tragt ihr eure Leiber
in abgegriffene Häuser

und mich –
ja mich
bergt ihr
in eurem Mund

## In Zügen

Baumwesen werfen mir
Metaphern zu

und der Turm dort –
ist er nicht Stiege
zu Zeitenkuppeln

wund
die Wogen der Abschiede
die Felder und Baumkronen
umfluten

## Im Nachtzug

Mond
schwingt sich
auf die Erde
die tanzend-singende
violett fühlende

ankern
auf wiegenden Feldern –
mit Baumfluten springen
vogelhin

und sich einweben
in den Willen
nachtender Stunden

# III.

## RINGEN
## SCHULTER AN SCHULTER
## MIT DER SCHWERTKRAFT LICHT

Torso I
Steinplastik von Giuseppe Mazzullo

Erdenklage –
aber Turmmut
entringt sich ihr

hörst du
– Schauender –
aus dem Munde des Steins
nicht das Wort
das Welle um Welle aufsteigt
bis zur Brandung ins Blau

Torso
Flamme auf Kreuz und Lava
im Atem des Empedokles

Giuseppe Mazzullo, geb. 1913 in Graniti/Messina.
Der Torso findet sich im Palazzo S. Stefano in
Taormina/Messina.
Empedokles, geb. ~483 v. Chr. in Agrigent, stürzte
sich 430/420 v. Chr. in den Ätna.

## Alles ist in Fluss

oder

## Torso II – Steinplastik von Giuseppe Mazzullo

Sonnenruf
eingehaucht in die Schmerzbrandung Stein

der Torso
– tiefenhin ein Hüter des Erdenseins –
spannt sich
zum Bogen aus Flammenkraft
wandelt Todeswalten
in Schöpfung aus Licht

alles ist in Fluss

ahnen wir nicht
– Stein –
in dir verdichteten Weltengeist
und in dir
– Torso –
das Feuerwort

Siehe Anmerkung zu Torso I.

# Auferstehung

## oder

## Karyatide von Giuseppe Mazzullo

Erwacht aus Erde
aus ihrem Lehmburnus
sonnenhin lohend

ja – befreit aus Steinnatur
und in den Flügel der Zeit gehoben

stürmt nicht dein Schöpfer
– Stützende Tragende –
Wolkenweiden
und sprengen nicht seine Hände den Fels

bis zum Rand seines Blicks
füllt deinen Meister Helios' Flut

aus dem Glutbeben des Ätna dann
steigst – Karyatide – du
und
aus Tränen
– Schwestern der Metamorphose –
die zu Gast kamen

auf deiner Stirn
lasten die Lider der Sonne
und hinauf in den Architrav des Kosmos
– Karyatide –
springe ich mit dir

Mazzullo: s. Anmerkung zu Torso 1.
Die Karyatide (1963, Stein) findet sich im Palazzo
S. Stefano in Taormina/Messina.

# Lichtung

## oder

## Empedokles

Im Schöpfungsatem Siziliens
drängen die Elemente
Feuerkaskaden
bewegen
Kalkstein und Wassergewölk

Natur
– einst Gefährtin –
wird Erdenfessel dir

zur Lichtung ranken
– über Lufttopase und Gesteinsviolett hinaus –
in die Rubinflut des Kraters

die Bergflamme
sie nimmt dich an

distelblaue Gipfelleiber des Ätna
geben Flügel deiner Stimme
und dein Hirtenstab
wacht noch immer
auf der Geistbrücke Trinacrias

Empedokles stürzte sich zwischen 430 und 420 v. Chr.
in den Krater des Ätna, um, verbunden mit den Elemen-
ten, über diese hinauszuschreiten.
Trinacria: Bezeichnung für Sizilien.

## Geschöpfe einer Stimme
für A. K.

Schwebend-bewegt
auf dem Atem der Lauschenden
– wie Kapriolen eines Schwalbenflugs –
das Lied

Ovationen
umwirken bestürmend den Sänger
der
behütend
birgt den Hort
ihn will er beleben

immer neu
das tönende Leuchten einer Sonnenflut

Flügelmut webt in meinem Seelenleib
sich erschaffend
aus der Anmut des Gesangs

ein Beifallsfinale sodann
umfängt den Sänger
und seine
aus beseelter Stimme erweckten
– und nun befreiten –
Geschöpfe

## Über dem Schnee
für A. K.

Ich lote aus
die Weisung des Schnees
das schwarz-träumende Auge des Flusses

über dem Ufergesträuch
schwebt knospend
ein Klang
eine beseelte Stimme
flammt auf
in dem Gewebe aus Schnee

Rose ist sie
auf gekreuzigter Erde

## Das Lied I
für A. K.

Taubenfüßig
steigen wir in die Gewölbe des Lieds

schöpfungshin

atemfern
von der Wunde der Erde

## Das Lied II

für A. K.

Aura des Liedes
– Sonnenleib –
und meine Pfade
– sturmgepflügt –
flammen auf in tönender Fülle

einen Blick tun
in verborgen Waltendes
in Stimmen der Sphären

# Metamorphose

für A. K.

Ufern
am Gesang
mit einer Hand voll
schmerzenden
Lichts

## Für J. Sch.,
## als er ein Lied begleitet

Die Stimme des Sängers
tragen –
atemsäulengleich
mit ihm hinaufsteigen
in Sonnenflügel

und dann
– wie fallende Herbstblätter –
den Klang
erden

herzhin –

königlich
die Pfade der Hände

„Nichts fällt ins Leere,
auch nicht die Worte
und die Stimme des Menschen."

„Bedürftiger denn je
sind wir der Kenntnis unseres
unverstellten Wesens."

Cyrus Atabay

## Für Cyrus Atabay – I

Licht und Widerruf
formen wie Ton

Samen sät er aus:
ich schreite in sein Reich –
flammendes Wort umbrandet mich

Dank ihm
der mich mit seinen Flügeln bannt –
beheimatet in der Wortgebärde
von Orient und Okzident –
Flüchtender
in der Zeit der Erde

Cyrus Atabay: geb. 1929 in Teheran,
gest. 1996 in München, Dichter,
Enkel von Resa Schah und Neffe
von Mohammed Resa Schah.

60

## Für Cyrus Atabay – II

Verschlagen ins Erdenwort –
dann aber
mit der Helligkeit der Taube
den Sprachgeist suchend

Persiens Herzkraft fließt ihm
schwesterlich
ins Abendland

o dieses Flammenmeer
das aufsteigt
aus dem Wort

# Feuerblüten

für einen russischen Pianisten

Flammensphären
strömen
in den Schöpfungsatem
seiner Hände

Feuerblüten
fluten mir
ins Kreuz der Seele

„In den Straßen unsrer Zeltstadt
braust es wie ein Ozean."
Aus einem Kosakenlied

„Da erklingt es wie von Flügeln ..."
Goethe

## Für einen Sänger eines Kosaken-Chores

Über seinen Leib zeichnet er
das Kreuz
bevor der Gesang ihn
– Flügelwesen
adlergewandet –
hebt in die Wasser der Wolkensee

Klangströme
tragen den Falter Seele
in die Helle der Nacht

schwingt nicht ein
der Atem des Sängers
in die ausgebreiteten Arme der Steppe
und in die Feuerfluten der Kosakenschar

verloren hab ich
festgefügte Ufer der Erde
unter den Schwingen seiner Stimme

## Der Fliederstrauch
## oder
## Gedanken im Cottage von Virginia
## und Edgar Allan Poe

Ließen sie nicht erblühen den Flieder
im Brunnen der Not

bündelten sie nicht die Tage
durch des Wortes Frührot

lichtgesät ins Planetenblau
riefen sie schon ihre Namen

so hört
– Sylphen –
die Stimme des Erdfremden
flüchtend unter dem Rabenruf

band nicht der Hudson
– flammend im Gewebe der Lemniskaten –
ihre Lichtgedanken
zu Pfaden

rosenhin
über Gestein aus Granit

Virginia und Edgar Allan Poe verbrachten ihre
gemeinsame Lebenszeit in einem Cottage im
Dorf Fordham, heute: Bronx, New York.

Terrakottavögel
oder
Im Bildhauer-Atelier

Das Gewebe der Erinnerung
formte euch
Terrakottavögel –
schwingende Fittiche von
fernher kommend

jetzt flügelt ihr auf
Gesims und in Nischen
entflogene Falter von
jenseits des Tors in eurem

Ton fröstelt der Atem wie in
abgefallenen Herbstblättern

einmal werdet ihr
– Blütenwunden des Baumes Ewigkeit – eure
tönerne Hülle abstreifend
erdenfrei heimfliegen in den
Sonnenklang der euch
flügelfremd geworden

„Unser Herz und unsere Nerven müssen wir preisgeben
dem schaurigen Schmerzensschrei der armen,
getäuschten Menschen. ... Das ist das Einzige,
was unsere eigentlich recht überflüssige Existenz
einigermaßen motivieren kann."

Max Beckmann

## Auferstehung – unvollendet
## oder
## Max Beckmanns Wegmarkierung

Mit kampfnarbigen Füßen
das Gebrechliche der Erde ertasten
sieh
nachtweit steht der Tag
unter erblindetem Gestirn

schlägt er sich nicht ans Kreuz
zu lösen den Menschen
aus der Gewalt der Finsternis

sein Ruf –
ein Markstein auf seinem Zeitenweg

ein Ringen war's
Schulter an Schulter
mit der Schwertkraft
Licht

## Joan Mirós singender Fisch

Die Kanzonette
die du durchs Wasser
trillerst
verändert dich
in deinem Fisch-Sein

aufrecht stehst du
im grünen Leib der See –
den Blick
sonnenhin

## Einer Farblithographie von Miró nachgezeichnet

Tanzfüßig der Tag –
Erdenflut schwingend
springend feuerrot

ins Schwarz gehoben
sind Wesen
in Dur

und ein Pulk Augen-Vögel
umschwärmt
den Fluss quirilierender Stunden

## Gauguins Menschengestalten auf Tahiti und Hiva Oa

Mit Blumen schlaft ihr den Schlaf
und mit Tieren träumt ihr die Erde

eure Füße
noch nicht gelöst
aus dem Atem des Kosmos

Malvenwege
– noch nicht gestürzt
auf die Erde

schmerzende Flügel
eines gefallenen Paradieses –
schlagen sie nicht
an die Ufer eurer Worte

# Im Mittagsruf des Altai
für G. T.

Wohin
– lichtsäulenhoch –
gehe ich
unter dem Ruf der Gefiederten

Flammengarben blühen über dem Altai
Jurten springen ins ufernde Gelb des Mittags

so fülle mich denn
mit Erde und Himmel
wenn der Sonnenvogel
über die Steppe zieht

sein Tönen ist mir
Lawschak und Stimme
und bricht auf
die Wunden meines Wortes

zerspringen nicht in mir die Steine
an den Schmerzen der Kinder
die die Erde nicht aufnahm
klagt der Bergatem nicht in mir
über die Tränen der Stute
deren Füllen leblos zu ihren Füßen liegt

auf meine Wege
die mit Tod und Gebeten bestreut sind
wirft der Mond immer wieder
Lebenslohe und Liebesflut

gebären mich nicht
die Augen der Felsen und die Milch des Altai
taghin und pfadwärts

Feuer bin ich
brennender Schagaa

Lawschak (tuwinisch): Sommergewand.
Milch des Altai: Flüsse.
Schagaa (tuwinisch): Steinhaufen, auf dem am
Mondneujahrsfest ein Feuer brennt.

# In einer Ausstellung über das alte China

E i n e Sonne nur lässt du
Bogenschütze mir
im Becher des Erdenschicksals –
verglühe ich doch sonst
im Flammenbrunnen der zehn

stürzten mit mir
in meinem Fallen
– tränenhin und erddrachenwärts –
nicht neun Sonnen
aus meinem brennenden Leib

ruflos die Sonnenvögel
nunmehr

brenne ich nicht
die Ätheräste wieder hinauf
mit meinen Lebenstagen
– tiefenentwurzelter
herbstfeuriger denn je –
Stufe um Stufe
steigend zu den Geschöpfen des Jianmu

ein Baumwesen bin auch ich
im Ruf nach Sonnen


Zehn Sonnen: Von den ursprünglich zehn Sonnen,
die die Erde zu verglühen drohten, schoss der
Bogenschütze neun Sonnen ab.
Jianmu: Dieser Baum gilt als Himmelsleiter.

# IV.

## AUF BITTERES LAND
## BIN ICH AUSGESÄT

„Ist der Mensch im Hunger nicht um so mehr
Mensch? Ist er nicht menschlicher?"

Elio Vittorini

## Der Scherenschleifer
oder
## Paraphrase über Elio Vittorini,
## Gespräch in Sizilien

„Und ist das viel – leiden?"

in meinen Atem
stürzt die Erinnerung
wie ein Habicht:
das Rad meiner Kindheit
Gesumm der Armut
gefangene Zikaden

auf bitteres Land
bin ich ausgesät
weltkränkende Dolche
aus den Händen des Scherenschleifers
Widersinn wogt
in messerscharfen Augen der Zeit
und Dächer stürzen die Hügel hinab

in der Kavalkade der Nichthoffnung
finde ich meinen Schattenbruder
gefallen
hungernd nach seinem Leben
dem nicht gelebten jungweiten

in Gesprächsnetzen bin ich gefangen
dann wieder befreit mich
der Turm der Worte

höre ich nicht meinen Namen
auf dem Wege der Metamorphose
steigen die Dächer nicht auch den Berg
h i n a u f?

„Und ist das viel – leiden?"[1]

[1] Worte aus EIio Vittorinis Roman
„Gespräch in Sizilien".

# Kriegswehen

Soll denn der Krug des Lebens zerspringen
über unseren Dächern
ja – auf salzige Hügel
sind wir gepflanzt

Sommer tropft Schwefel
in die Augen der Zichorien
und auf das Klagen der Zikaden

vor Düsternis und Widersinn
– höret –
sind unsre Hände morsch geworden

Drachen und Tränen kamen zu Gast
und nisten in unsrem Blut

# Lied der Ungeborenen
## oder
## Flucht aus dem Kosovo

Wiegt uns
Engel der Erdennot

unsere Leibknospen
erstarren
vor Bitternis

hört Kämpfende
hört Fliehende
unseren Ruf nach Lebensfülle
der Waffenwirrnis unbeirrbar
übertönt

umzingelt vom aufgezehrten Mut unsrer Mütter –
in der abgewandten Stille Ermordeter –
zwischen sterbend-flammenden Häusern:
unsren steinernen Gefährten

wiegt uns
Engel der Erdennot
– geschändet wie wir –
die ihr hungernd mit uns
über entleibte Felder zieht

wirken im Erdenbrand
ja friednährend wirken
wollen wir
aus unsrer Bedrängnis heraus

wiegt uns
Engel der Erdennot
in eurem Trost
in eurer Kraft

# Herbstgedanken

Ins Nebelgeäst
hebt sich der Fluss
der Himmel legt
Lemniskatenbrand
auf Baumhäupter

Sturmgewalten
türmen sich auf vor Gaias Schritten
und Äon flutet abschiedschwer
unter der Ernte Sichel

indes tragen Falter
– im Weltenkreuz webend –
Erdenknospen
in atemflammenden Engelruf

# Für immer

Wenn ich Ätherflügel trage
werde ich dich in meine
Arme schließen

einmal für immer

und du kannst es
nicht wehren

du – Rose –
stürzt aus meinen Schmerzhänden
jetzt
gepeitscht
von der Unruhe des Windes
und dem Flammenwirbel
des Abends

Abschied
– er zerreißt mir
den Lebenssonnenfaden –
nehme ich von deiner
Morgenseele

# Geschwiegen

Geschwiegen hast du
als deine Lippen noch blühten
und dein Mund
ist verschlossen jetzt
für Worte aus
Erde

über die
ich
weiterschreite
in tränendem Nebel

# Fliehende Bäume

Ihr
– Heimatlose –
schart euch zusammen
zu Legionen –
wie Herbstschwalben

Erdvertraute
– einst –
in unsere Zuneigung Gehüllte

auf euren Wurzeln
streuten wir
Freude aus –
trauerten wir

gekräftigt aus den Wogen
des Erdherzens
nahmt ihr unsren Schmerz auf
in euer Flügelgewebe
und verwandeltet ihn

nun löst ihr
eure Wurzeln
und flieht
mit der Entschlossenheit
Ausgestoßener

eure Falterleiber erhebt ihr
und schreitet fort
zu fernen Stätten

und wir
– Brüder euch –
wohin
fliehen wir

Schicksalsgefährten

oder

Schwester Katze

Aneinander gedrückt
zu e i n e m  stummen Seelenleib
des Entsetzens –
die Katzenarme umeinander gelegt –
starrend auf den dritten Gefährten
im Käfig

vor ihnen hängt er
in langem Todeskampf

# V.

## ERLITTEN HAB ICH
## ZICHORIE DICH

# Paestum

In den Burnus des Abends
steigt mein Ruf
gewandet in Paestums Tempelflut

du
im Falterkleid
bleib

auch wenn ich den Tag
auf meiner Aschenschulter trage
im verschatteten Herzgarten

malvenrot
als Eos' Flügel
mögen leuchten
wir
uns

An Larnakas Salzsee
oder
Ein Abschied

Im Zypressengefieder
weidet der Bittersee
seine Salztopase
unter zichorienblauer Himmelsklage

lege deine Arme
um meine Wortlosigkeit
Zärtlichkeit des Regens
verschwistert sich
mit deinen ausgebreiteten Augen

im Brunnen des Abschieds ankert
ein Lot Hoffnungsmut
und Flügel fluten
tagwärts
über unserer Hände Gezweig

## Mit Flügeln

Wolkensäume brennen
Tag springt in unseren Atemquell

seh ich nicht stürzen
altbergende Dächer –
ist doch der Taurushymnus
unser
Haus

fliegen – ja
mit violetten Falterschwingen
in deinen Augenkrug –
Welle ist dein Leib
nicht Erde

in Gipfelflut und Sylphenflügeln
verglühen –
o – halt inne

## Das lächelnde Dorf

Nimm uns in deine Feuerflügel
– Dorf –
umhüllt vom Blau des Weltenbuches

auberginefarben wiegen sich Gipfel
in unserem Atem
und die Erde webt
Metamorphosenruf

hier schreiben wir uns ein
in den Falter Zeit
als wir beim Flüstern der Steine
unsere Namen rufen –
Rosen sprießen ins Flechtwerk
unsrer Lemniskatenpfade

ja – trag uns schicksalhin
– Dorf
lächelndes –
lass uns
singend
in die Hügel deiner Augen
schauen

# Traumesche

Tagwärts
weide ich dich
der du mit deinen Gedanken
– den mondhohen –
die Traumesche
hinabsteigst
und Ernte hältst
in mir

# Erdenbegegnung

In den Augen der Tauben
– den vertrauenden –
suchte ich dich

falterwärts
führte deine Feluka
vorbei an meinen Flügelrufen
und ich wähnte dich fern
zeitenhin
raumhin

im Turm unserer Erdenworte
erfühlten wir uns

und zur Hütte wurde uns
das Gezweig unserer Werdetaten
aus denen wir den Atem erhoben
in den Schoß des Lichts

Feluka: Nilboot der Fellachen.

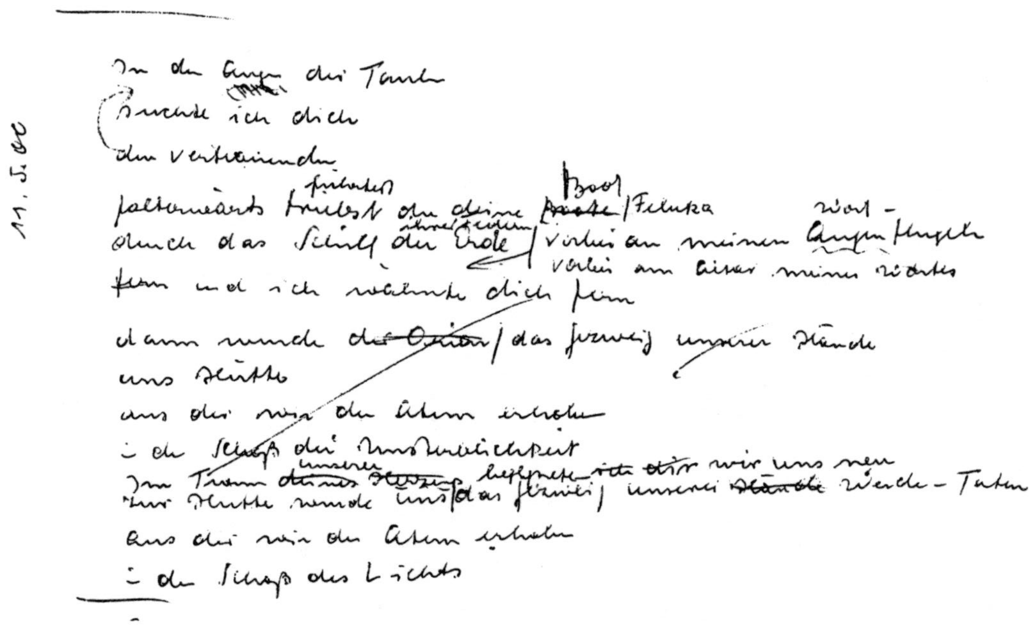

I.

11.5.02

Erden ~~Begegnung~~
In der Auge der Tauben
– der verkannten –
wichte ich dich

faltenwärts
führtest du deine Feluzza
~~durch das Schiff eines Jefaders~~
vorbei an meinen Flügelrufen
und ich wähnte dich fern
Zeitenhin
raumhin


im Turm unserer Erdenworte
erfrischten wir uns

und zur Hütte wurde uns
das Gezweig unserer Werde-Taten
aus denen wir den Atem
wieder erhohlen
in dem Schoß des Lichts

III.

92

Erdenbegegnung

In den Augen der Tauben
– den vertrauenden –
mißte ich dich

pollenwärts fühlte deine Fehmka
Vorbei an meinen Flügelrufen
und ich wähnte dich fern
zeitenein
raumhin

im Turm unserer Erdenwache
erfuhlten wir uns

und zur Feinbe wende uns
das fernweis unserer werde-Taten
aus denen wir den Atem
wieder erholen
in der Schoß des Lichts

V.

93

## Stretta

Erlitten hab ich
Zichorie dich
in Wurzelsehnen und Blütenruf
kykladenverschwistert bist du mir
nunmehr
in Nachtgittern und Wegrainlicht

meine Tage werfe ich aus
auf dich
Flügelnahe du

wenn der Inselhimmel
herbstflutend
auf die Erde zurückkehrt
tauchen wir ein in den Ansturm
unserer Abschiedsaugen

im Wegwartengefieder
welkt die Sonne
oktoberhin

# Begegnung

Erdkuppelwärts
steige ich
geleitet
von deinem Gesang

violettes Sehnen
flutet
aus Säulen alternder Zeit

ja – du –
fülle mich auch heute
und bleib
in meinem liebenden
Schweigen

## Für Filareti auf Patmos

Dein Name:
schaffender Hauch
der die felsigen Hügel umspannt
während Patmos –
novemberverschattet –
sich tiefer ins Erdenmeer
senkt

auf dem Bogen des Abends
begegnen wir uns
dann hüllst du
die Flügel deiner Gebete
um mich
du brennst flammend
wie die Insel
wenn sie sommers
sich hebt
zu Weltenpfaden

## Im Ruf der Mondtaube

## oder

## Flug über Procida

Procida – Lavawirbel in brennender See
unter sinnenden Zirren

blaugefaltet die Erinnerung
im Fallen des Lichts

weißt du noch –
Lampions in singenden Arkaden
der Mond trägt uns
in die Höhlung der Nacht
aufwölbt sich die Insel in ihrem Vogelsein

höre Chronos
Schnitter du und Erntender
binde die Garben unseres Atems

dass wir einander – weitend – bleiben
jeder in seinem eigenen
sich wandelnden Strömen
und zugleich gemeinsam flutend-werdend
sonnenhin
im Falter Zeit

## Am Castel Sant'Angelo –
## unter Wolken von Schwalben

für Kathleen

Wir
– Flügellose –
breiten
geheime Abschiedsschwingen aus

einander umflügelnd
löschen wir
unsere Grenzsetzungen

und –
wie Schwalben
fliegen wir dann auf
ins violette Dämmern
unserer Wolkenpfade

Im November jeden Jahres sammeln
sich Abertausende von Schwalben aus
der Umgebung Roms über dem
Castel Sant' Angelo.

# Kos

## I. Paléo Pylí

In den Tag
– taubenfüßig –
tragen wir unser Wort

schicksalsblau
der Himmel

Stufe um Stufe
steigen wir
ins Violett der Zistrosen

o dieser Berg
so fern der Erde


## II. Pylí
oder
Talwärts

Im Tal
der Brunnen
– löwenköpfig
mutgestaltig –

an seinen Wassern
– jahrhundertestrahlig –
ruhen wir aus
von unseren Erden-
leibern

III. Wegwärts

Zu Füßen des Díkeos:
die Lichtblume

du legst sie mir
– schweigend –
in die Hand

Die getrockneten Laubblätter
der Lichtblume werden mit
einem Docht versehen und tragen
die Lichter der Ölgefäße.

# Auf Hügeln

Tage
auf Hügel gepflanzt

im Flammenkranz der Erde
werfen wir uns zu
unser Geschick

Lichtflügel wir –
unter springenden Juli-
dächern

# Roter Sandstein-Brunnen

Noch
verbirgst du dich
– Waldschrat –
im Brunnengestein
Menschennähe erträumend

laubverhüllt
rufst du
nach lichter Freude
in Sonnendenkern
– Eichenästiger du
mit lidlosen Augen

Wasser spendet dein Mund
den Mitgeschöpfen
die dich
– Sehnsuchterfüllten –
verwandeln können

# VI.

## TRAGT IHR NICHT
## DIE DÄCHER DES CHRONOS

# Chor der Greise und Greisinnen

Wir Ahnende
Zukunftsäende

mit unsren abgeernteten Leibern
durchpulsen wir
das flutende Feld Erde

während unsre Stimmen
– in Leiden geborgen –
sich einreihen
in die Schar der Engel

den Erdenleib zum Kreuz ausstreckend
legen wir Hand
an den Morgen
da Tage uns über die Schulter schauen
in diesem Falterblau

## Das Mausoleum
für Ada und Emil Nolde

Flechten über eurem Granitsarkophag
– dem todesgemeinsamen –

zum Gewölbe der Grabkapelle
– als Bombenunterstand getarnt
während eurer Ächtung –
steigen sie empor
wie Gebete

eure irdische Ruhe begleiten sie
als euch zugewehte Pflanzengäste
eures Blumengartens
dessen Beete ihr
aus den Initialen eurer Namen formtet
und den ihr noch jetzt wie überschaut

der Mausoleumshügel – grasbewachsen –
legt seine Wächterarme
weisend-schützend zuseiten der Eichentür

aus dem Graben
der das Mausoleumsfeld umfriedet
umwehen euch Riedgräser

Mohn und Rittersporn
Dahlien Lupinen Amaryllis
flechtenumwachsene Bäume
und das im Herzatem der Schauenden
wiedererwachte gemalte Blumenleben
sprechen zu euch

neu habt ihr erschaffen
Erde und Menschen
in Lebensgemeinsamkeit
aus einer Farbenleuchtefülle
die euch aus dem Äther entgegenflammte

nunmehr erstrahlt
aus eurem fernnahen Sein
Freude
die den Abgrund besiegt hat

Von innrer Glut geweitet
verklärt sich unser Sinn.
Novalis

## Die Korbflechterin

Weidenätherzweige flochten deine Hände
Weltenkreuz
der Sonne Strahlen
wobst du
in den Erdenhauch des Tags

weitend pflügst du deine Felder
in Sommers Atemklang

unter Weidenwogen liegend
deine Zeichen liebend fügend
ruf ich
Erdenferne
dich

## Felsengräber von Myra

Mit Adlerfüßen
schreitet der Fels
aus dem Atem des Schweigens
in das Gesicht des Tags

im Violett hundertfältiger Stimmen
– höre –
das Erkenne-dich-selbst

tragt ihr nicht
die Dächer des Chronos
und sät ihr nicht
die Sonnen unseres Blutes

lasst uns ahnen
– Verwandelte ihr –
hinter Widersinn und Erdenbitternis
den Falter Licht
im Taggeäst der Stunden

# Schwellenworte I

So
finde ich
schmerzwärts
dich im
Birkengefieder da es
blaut vor
Abschied noch

legt deine
Taghand mir
Wortsiegel eines
ganzen
Lebens auf die
Lider: die
gesprochenen und die
ungeborenen und ich

gieße
meine
Worte
erlöste und die mit
gebrochenen
Schwingen in

deinen
Händen-
kelch

## Schwellenworte II

Sprich zu mir
aus dem Kelch des Mondes

ausgeweitet hast du dich
in meine Atemschwingen hinein
und meeresgleich umfließt du mich
im Faltergewand des Abends

die Schwelle zu deinen Seelenaugen
ist nicht abschiedfern wie einst
und nicht mehr fluten wir
unter der Erntehand des Schmerzes

## Hüllenlos

Tod
türmt sich auf
wortpflügt die Erde
greifend und sich
versagend

Magnolien-
lebensflammen
ankern am Grenzfluss
nächtewärts

zu s e i n e r Stunde sodann
stürzt Tod hüllenlos auf uns
fruchtblutend am Worttor wir

weitet sich aus
mondaura-
tief in meinen
Herzatem

wirf mir zu deinen
Weltenlogos
Nicht-Toter und deine

Herzaugenschwelle
knospet mir
liebewärts
in die Erkenntnis des
Morgen

## Palmendialog

In mein Atemgefieder
steigst du
Feuervogel
vom Berggipfel deines Seins

Nachtwindwogen in Palmleibern
riefen dich
in das Lemniskatenkreuz
aus Erdensintflut und Sterntopas

wie eine Wolke
legst du dich auf mein Schultertuch

und wir
– gestürztes Wegwartenblau –
richten einander auf

mit Wortflammen
umflügeln wir uns
bis die Lohe erlischt
und du deinen Pfad nimmst
zurück ins Feueropal

## Verirrte Taube

Die ich gerufen
aus fern-umwölktem Gezweig—
bekleidet hast du dich
mit dem Leib des Traums

und du fliehst
– verirrte Taube –
ehe ich dich
mit meinen Erdenwogen
umhüllen kann

## Greenwood – Mimosa Path

Längst wart ihr Sternbäumen
näher als eurem Gewebe aus Bein
kindlicher Ruf
durchklang tagferne Flut
seit ihr euch traft auf Greenwood Hill
in zistrosenweißen Leibern

Epitaphe
– ausgeregnet wie Wolkenfelder –
gestürzt und alabasterzag
zwanzig Jahrsiebte schulterte schon
der Hügel eure mondweißen Stein

lese ich recht aus verwitterter Schrift
„achtzehnhundertfünfzig" –
wildblumenverborgen –
„achtzehnhundertvierundsechzig" -
dann unter Büscheln aus Gras
„fünf Monate drei Wochen ein Tag"
euch zählten Engel die Stunden

hernach drücktet eure Siegel ihr ein
in Atem aus schaffendem Blau

noch einmal spiegelt ihr – Flammensein
auf den Mimosa Path
als es erstirbt
in erblindeter Luft
fließ ich
– ein Fluss aus Feuer –
hinab zur Fifth Avenue
und Twenty-Fifth-Street Brooklyn

Märzhügel

oder

Auf dem Weg ins Sein

Du liegst unter dem Märzätherhügel
und in den Totenacker
pflanzt du deine Tage

noch säst du Korn auf deinen Feldern
wie eh
und isst das Brot
am Kopf deines Tisches

schultere deine Taten
die abgelegten
die zu Kristall gewordenen

und hülle dich
in den Silberburnus
des Mondes

# Noch klagend rufen wir euch
(Zum Absturz der Boeing 757 vor Puerto Plata)

Ins Nichtland flossen eure Tage
geufert wart ihr an geflügelten Stränden
Anker
ja Anker eures Ich
warft nächtens ihr aus –
rufend-webende Tropensterne
holtet ihr ein
mit schicksalknospenden Armen

wissend-unwissend
geführt ihr und wagend
mit verhaltenem Abschiedsatem

––––––

on board
im Angstburnus
schreien auf
einhundertneunundachtzig Seelenleiber
vor der Brandung des Entsetzens

zerwühltes Meer
erdköpfige Schwärze
Klage und Tot
auf den Wunden der See
––––––––

Schmetterlingsflügel erwebt ihr euch
Nicht-Tote ihr
eure Seelenleiber: sterngeborgen
eure Namen: beatmet durchsonnt
von Beflügelten

———

vereint schultert die Erde
ihr – Seiende nunmehr –
zu gemeinsamem Lebenswerden
zu Wirkensgemeinsamkeit

tröstend webt ihr
auf Brücken unseres Fühlens

doch wehklagend
rufen wir euch
Erdengewandete
wir

# VII.

## STEINE ERHEBEN SICH AUS DER SÄULENKRAFT DER GEBETE

## Selinunt

Hier traf ich euch:
Klang und Hauch aus erblindeter Zeit
in Sonnenhäuptern der Myrtenbäume tönt ihr
und im Sylphenflügelgelb des Fenchels

Haine
Abgeschiedene

auch in mir sind gefallen
die Mauern der Cella –
wie zerbrochene Flügel
lasten die Gestürzten
in den Flammen des Schirokkos

Steine erhoben sich aus der Säulenkraft der Gebete
streckten sich in schaffendes Blau
taubenfüßig nur
berührten die Erde sie

und ich stieg in die Ätherkammern der Stadt
zu weidenden Tempeln
zu den Nymphen von Selinos und Gorgo Cottone
und in den Ruf des Empedokles

ich stieg die Stufen der Zeit hinab
und ließ meinen Atem dort

Selinunt: in der Antike griechische Stadt im SW Siziliens; ~ 650 v. Chr.
gegründet, 409 v. Chr. durch Karthago zerstört; liegt an der Mündung
von Selinos und Gorgo Cottone ins Afrikanische Meer.
Empedokles: geb. 483/482 v. Chr. in Agrigent, gest. zwischen 430 und
420 v. Chr. Staatsmann, Philosoph, Arzt, Wanderprediger, Eingeweihter;
legte die Sümpfe in Selinunt trocken.

„... die schön bekränzte Demeter gehorchte,
Ließ in den großen Schollen der Äcker sogleich wieder Früchte
Wachsen, dass weithin die Erde strotzte von Blättern und Blüten ...“
„An Demeter“, 2. Homerischer Hymnos

## Der Demetertempel in Selinunt

Wie ein Vogelleib singt das Megaron
im Baum des Äons –
taubenfüßig in Aprilwiesen
liegen Tempelquader
beflügelt mit Vergehen

über die Dächer Selinunts
ruft Demeter ihre Botschaft
aus dem Distelgrau der Zeit

Gast sein ihres Namens
auf gealtertem Haupt Trinacrias
und mit den Winden
über die schlafenden Wasser des Selinos eilen
hin ins Blütenblau ihres Gewandes

Trinacria: Bezeichnung für Sizilien.

# Sprechende Steine
## oder
# Im Heratempel zu Akragas

Ob wir dich hier verehrten
fraglos
und auf singendem Stein

durcheilen nicht die Wasser
– die blühenden des Akragas –
die Schlucht meiner Erinnerung
als ich
– atemverhalten im Toben des Schirokkos –
den Tempelpfad hinaufflamme

mondweiß wachten deine Säulen
Hera
auf bebendem Hügelkamm
zwischen Sternenruf und distelgrauer See

brannten wir nicht
– opfernd an Erdenufern –
hin zum Wolkengewebe

tot-rot
quillt Mohn jetzt
auf deinem Altar:
Blutgedanken der Lämmer
– unsrer Schwestern –
die sich unsrem Menschsein anvertrauten

rührte dich – Hera – nicht die Qual der Opfertiere
auf erzitternder Erde

zurückgezogen hast du – Göttin – dich
aus dem Lichtweben der Steine
birgst dich
– Menschenblick entzogen –
in Metamorphosenkokon

wirst – Hera – du
– sei es
dass du in der Erdenstirn
dereinst gewandelt wiedererwachst –
deine Flügel
schützend
um unsre Tiergefährten legen
mitfühlend
und schwesterlich

Akragas (griech.): Fluss und Stadtgebiet
des antiken Agrigent.

## Die Stimme Monreales
oder
## Mittelalterliche Mosaike der Kathedrale

In die Wasser Monreales steige ich
in die Höhlung der Urwasser
aus deren Gründen Stimmen aufragen
Lichtsäulenstimmen

Rufe fädele ich ein
in die Wolkensee
aus der ich stürzte
in frühester Weltenstunde

o Erdenfluten
Rosen mögen springen
aus euren Wogen

## Sinan

Feuerbrand
vor den Toren des Tags

Kuppeln brechen auf
das Schweigen des Steins
und weiden mit ihren Planetenschwestern
unter dem Blattwerk des Kosmos

die Pflugschar der Minarette
zieht Furchen
in den Acker des Himmels

wärmend-ruhend sinnt die Moschee
gehüllt in den Burnus deines Namens
– Sinan –

wie du die Planeten herabholst
aus kosmischer Frucht der Nacht
wie du sie bettest in flammenden Stein
wie sie deine Adern spannen
und wie sie nähren die knospende Erde

Sinan (~1490 bis ~1588): osmanischer Baumeister.

# Stein-Erwachen

## oder

## Kirchbau in Kristallgestalt

Wie Weinlaubrubin
umherbsten
Himmel den Kristall

in Äons Erdgedächtnis
fluten abschiedsträchtig
Ägyptens Pyramiden

aus Wurzelflüssen des Erdenbaums
gehoben
im Lemniskatenbogen sich wandelnd
gegliedert
gespalten
in des Chronos Facettenblick – ja

sonnenflügelnd sodann
zu Dachgedanken erwacht
ausschwingend in Falter
eines werdenden Zeitentags

Die Kirche „Maria, Königin des Friedens" in Velbert-
Neviges wurde von Gottfried Böhm erbaut.

## Rosengärten

Über dem Felskamm des Kastelli
bricht die Sonnenhand
den Flammenhimmel auf

Wiesen werden zum Feuermeer
Blütenleiber verdorren

die Ikonostase der Klosterkirche
jedoch
pflanzt Goldrosen
– umschlungen von Lemniskaten –
in betaute Herzgärten

Kirche der Panagía Angelóktistos

Immer wieder bauen wir
im Gezweig des Tags
an stirnlichten Nächten

eine Sonnenwoge erfasst uns
hin zu Dächern und tönendem Blau
einer adlerhohen Himmelssee

Planeten fallen uns zu
in dem Kuppelfluten
der Panagía Angelóktistos

in das Weben der Ikonen
– erdfern und sonnenlohend –
tauchen wir ein

schwimmendes Feuer ufern wir
in Ölgefäßen
oder sind es unsere Seelenwasser
die wir entflammen

und wie Engel die Kirche erbauten
formen wir
an den Geistkuppeln der Erde

Die „von Engeln erbaute" (angelóktistos)
Kirche befindet sich in Kiti/Zypern.

# Artemision von Ephesos

Auf Säulenblöcken im Zeitengeäst
halten wir rastend inne
zu Mondsäulenstürzen
erstarrte
das Heiligtum der Frühe –
Artemis-Ephesia ging

über der Tempelasche
flammt auf
die Himmelsrose –
wir öffnen uns
ihrem Sphärenton
der den Acker Erde
pflügen will

# Göreme

Tuffkegel heben sich
in die Hügel unsrer Augen

wir steigen hinauf
in das Wortgeäst der Klausen und Höhlenkirchen
das in unsren Stimmen
zu weben beginnt

lass dich umhüllen von dem Falter Erde
der in den Herzbaum der Fresken hineinwächst

in den Kreuzspuren
begegnen wir uns

auferstanden bist du mit mir
im Steigen und Fallen der Lichtwellen
durch die wir schreiten

## Auf den Hügeln von Ani

Leiber der Ruinen
erblühen zu flammendem Ruf
wärmend ruhen sie
auf den Herbstschultern der Hügel

Ani
mit mir aus dem Akhurian geboren
– blutende Falter wir –
Kreuzstern in meiner Erinnerung
seit du aus Schatten des Fremdseins
mir deinen Sonnenruf entgegenriefst

wund sind deine Lippen
nachtstimmenwund

aber wenn du deine Schemen abstreifst
ist dein Wort hörbar:
„ich – Ani – lebe
die Geknechteten wecke ich auf
die von meinem Himmel Getrennten
die über die Erde Zerstreuten –
im Land der Gefiederten" – rufst du –
„baue ich
seit ich Zeitentrümmer überwunden habe
eine Stadt
in der die Vielfalt der Völkergenien
nicht geächtet wird"

nur ein Lot Zeit
verbrachte ich erneut
in deinen Gedankenklängen
schaute auf Lichtkreuze
die die Säulen deines Tags aufrichten

mir bist du
– Rose aus Trümmern –
Werdende im Auferstehungsruf

Ani: in der NO-Türkei am Fluss Akhurian gelegene
armenische Ruinenstadt, im 13. Jh. durch die Mongolen zerstört.

# Kirchenruinen von Ani

Wie Vögel loht ihr
auf gekreuzigten Hügeln
bereit zum Flug
in die Scheunen des Himmels

pyritfarbenes Sommergras
um euch – auf salziger Erde –
und die jahrhundertealte Gelassenheit
der Steine mit euch

wenn Herbststürme euch ummanteln
formt ihr eure Erntestimme
aus den Ruinen der Hoffnung
und ruft eure Botschaft
hinaus in brodelndes Land

in still-wogenden Nächten
überstrahlen eure Augen
auberginefarbene Hügel
und verwandeln Schmerzsteine
in Brot

eure Zeugenhände fasse ich
– Türme der Sylphen
ihr
Boten des Lebens –

ufert euer Ätherwort
im Morgengold
der Sonne

Ani: s. „Auf den Hügeln von Ani".

Auf schlafendem Stein
oder
Ruine einer Eremitage in Ani

Auf die Lichtschulter des Berges gepflanzt
beleibt mit Vogelmut
– auf schlafendem Stein –
und ihre Füße: der Fluss

zerfurcht zernarbt
aus geschundenen Lippen der Dornenruf

misst du die Erde nicht
mit deinen Gebeten
und sind die Flammenblicke der Khatschkaren
nicht dein Brot

Schwester du
und Adlerfeuerschwinge

löwenrot verschmilzt du mit dem Fels
wenn der Abend
dich zu fernen Ufern hebt

Ani: s. „Auf den Hügeln von Ani".
Khatschkar: Kreuzstein.

135

## Tempel von Dendur
## im Metropolitan Museum of Art

Mögt hören ihr meinen Gruß
– Götter
Nilumflutete –
die ihr weilt jenseits nun
unseres Atems

hört:
malvenfarben
blüht meine Erinnerung auf

euer Feuer
– Herolde der Sonne –
flammte auf
in Dendurs Wüste
zwischen Stimmen von Papyrus und Lotos
und auf der Schulter des Nilgottes

ihr durchlichtetet den Stein
der jetzt erstorben

Ägyptens Planetengeister
nahmen dich auf
– Sonnenwort –
und warfen dir zu
ihre Kronen

steingerettet auf Manhattans Granit
ist Dendurs Tempel nunmehr
– Burnus der Götter
und Sonnentor einst –

# Inhalt

## III.
## Ringen
## Schulter an Schulter
## mit der Schwertkraft Licht

IV.
Auf bitteres Land
bin ich ausgesät

V.
Erlitten hab ich
Zichorie dich

# VI.
## Tragt ihr nicht die Dächer
## des Chronos

# VII.
## Steine erheben sich
## aus der Säulenkraft der Gebete

# Verlag Ch. Möllmann

## Sigrid Nordmar-Bellebaum (Hrsg.):
## Wort sei mein Flügel – Wort sei mein Schuh

EIN LYRIKKREIS STELLT SICH VOR – MIT BILDERN VON HARTMUT LUX

Mit Beiträgen von Ulla Weymann, Winfried Paarmann, Volker Dauner, Hildegard Büyükeren, Hartmut Lux, Gerhard Joedicke, Sigrid Nordmar-Bellebaum
"Jede(r) von uns schreibt, dichtet auf eigene Weise. Gemeinsam ist uns der christlich-anthroposophische Grund, in den wir uns einzuwurzeln suchen und aus dem wir in die Höhe zu blühen uns bemühen."

## Ernst Harnischfeger:
## Frühlingstage auf der Kurischen Nehrung

MIT ZEICHNUNGEN VON ARCHIBALD BAJORAT

Verse und Federzeichnungen aus vorpfingstlichen Tagen auf der Kurischen Nehrung anläßlich eines Seminars über Menschenkunde und Pädagogik in Litauen. In der gelungenen Zusammenarbeit von Autor und Zeichner entsteht ein zauberhaftes Gemälde von Land und Leuten, eingebettet in ein jahreszeitliches, historisches und menschliches Umfeld.

## Hartmut Lux: Zugvogel blau gefiedert

REISEGEDICHTE 1990-2000

Das vom Autor mit Zeichnungen und (zeichnerisch bearbeiteten) Fotografien reich ausgestattete Buch folgt der imaginären Flugroute eines Zugvogels, welcher, an Ost- und Nordsee seine Reise beginnend, eine erste Zwischenstation einlegt in Westfalen (u.a. in Soest und in der Soester Börde); eine weitere, ausgiebige, erfolgt in der Schweiz, ehe die Schneeberge der Alpen überquert und Italien, die Toskana, das Mittelmeer und die Insel Elba erreicht werden. – Die Gedichte verbinden sich liebevoll mit den Besonderheiten der Landschaften und Orte, der Menschen und Tiere, ob es sich um ‚grosse' Bilder der Bergwelt, wie die Adelbodner Wasserfälle, oder um ‚kleine', wie den eine Sommernacht auf Elba verzaubernden Glühwürmchenflug handelt.

# Verlag Ch.Möllmann

## Rose Reusch: Griechische Inselreise

Ein echtes Lesevergnügen sind diese Reiseberichte aus Griechenland von Rose Reusch. Erfrischend und unkonventionell, wie selbständig sich die Autorin das Land erobert. Abseits von gängigen Touristenrouten wird der Leser auf eine Entdeckungsreise durch kleine Orte, Inseln und mitten ins griechische Leben mitgenommen.

## Rose Reusch: Nordlandreise im Winter

STREIFZÜGE DURCH KOPENHAGEN, OSLO, KIRUNA, TROMSØ – RINGS UM DAS NORDKAP – ALLEIN DURCH DIE POLARNACHT – MIT DEM POSTSCHIFF NACH KIRKENES – KAUTOKEINO IN EISIGER KÄLTE – DAS LIED VON OLAF ÅSTESON

Viele denken bei Norwegen an die Mitternachtssonne, aber bedenken nicht, daß jenseits des Polarkreises die Sonne im Winter wochenlang gar nicht zu sehen ist. Rose Reusch bereiste das Nordland gerade zu dieser Zeit und schildert ihre Erlebnisse in der gewohnt spannenden Art.

Bei -40 Grad C war es ein wohliges Erlebnis, zu Gast zu sein in Lappland, in Masi, in Sollia an der sowjetischen Grenze und in Gjesvaer am Nordkap. Freundschaft vertiefte das Erlebnis der arktischen Nacht. Sie lag oft bis zu 22 Stunden über der endlosen Schneelandschaft.

## Holle-Elke Harms:
## Eine wunderbare Reise ins Morgenland

„Mit Zeichnungen und Aquarellen nehmen unsere Reisetagebücher fünf oder sechs laufende Meter Bücherregalbreite ein. Vier Reisen davon führten in den Orient. Dies Büchlein beschränkt sich nur auf Erlebnisse zwischen Euphrat und Tigris hauptsächlich aus einer Exkursion, die bis nach Damaskus führte. Das war im Jahr 1984. Mit einem alten, asthmatischen VW-Bus fuhren wir alleine durch Bergmassive und Wüsten, suchten kunsthistorisch begeisternde Stätten auf: Burgen und Heiligtümer der Uratäer, Hethiter, der frühen Christenheit, des byzantinischen und des osmanischen Reiches. Persern, Parthern, Sassaniden, Diadochen und Römern, Armeniern, Kreuzrittern sowie islamischen Kulturen begegnete man oftmals an ein und dem selben Ort, fast wie eine Schichttorte. Dazwischen aber lagen die Begebenheiten der Gegenwart: bettelnde Kinder, Einladung ins Beduinenzelt und Nächte unter dem Übermaß der Sterne."